故宫住户花名册

左远波 主编
王莹 改编

吉林出版集团股份有限公司
全国百佳图书出版单位

故宫里的小故事

图书在版编目（CIP）数据

故宫住户花名册 / 王莹改编 . -- 长春：吉林出版
集团股份有限公司，2023.2
　（大故宫里的小故事 / 左远波主编）
　ISBN 978-7-5731-2440-1

　Ⅰ．①故… Ⅱ．①王… Ⅲ．①故宫—少儿读物 Ⅳ.
① K928.74-49

中国国家版本馆CIP数据核字（2023）第 016987 号

★ 本系列图书由阎崇年先生授权改编自《大故宫》(长江文艺出版社)；
　书中照片除特殊注明外，均由作者提供。

大故宫里的小故事
GUGONG ZHUHU HUAMINGCE
故宫住户花名册

主　编：左远波		责任编辑：金佳音　孙　瑶	
改　编：王　莹		封面设计：有乐儿	
出版策划：齐　郁		版式设计：云尚图文	
项目统筹：郝秋月		插　画：TUGEN	
选题策划：金佳音		插画助理：哈哈小子	

出　　版：吉林出版集团股份有限公司
　　　　　（长春市福祉大路 5788 号，邮政编码：130118）
发　　行：吉林出版集团译文图书经营有限公司
　　　　　（http://shop34896900.taobao.com）
电　　话：总编办 0431-81629909 营销部 0431-81629880/81629881
印　　刷：天津融正印刷有限公司

开　　本：710mm×1000mm　1/16
印　　张：7
字　　数：80 千字
版　　次：2023 年 2 月第 1 版
印　　次：2023 年 2 月第 1 次印刷
书　　号：ISBN 978-7-5731-2440-1
定　　价：55.00 元

印装错误请与承印厂联系　电话：13910128107

年年

一个对故宫的故事非常感兴趣的小男生,只可惜总是跟不上小米粒和阎爷爷轻快的步伐。

小米粒

一个小小的"历史迷"。她最爱与"故宫万事通"阎爷爷和可爱的小伙伴年年一起逛故宫。

阎爷爷

一位德高望重的明清史专家,他熟悉故宫的每一个角落。

目录

在紫禁城里居住的，除了皇帝、太后和妃嫔们，还有数不清的宫廷服务人员，比如太监、宫女、御厨等。

哈哈，住在紫禁城的，还有它们。

奉天承运：皇帝们

紫禁城都有哪些皇帝居住过？回答这个问题我最有发言权——因为我刚看过皇帝们的图册呀！在紫禁城，从明朝第三代皇帝明成祖朱棣到清朝的末代皇帝溥仪，总共住过 24 位皇帝，其中明朝从永乐帝到崇祯帝共 14 位，清朝从顺治帝到宣统帝共 10 位。

皇帝怎么有这么多名字

从秦王嬴政第一次自称"皇帝"起，直到清朝"末代皇帝"宣统宣布退位为止，中国一共有 208 位皇帝。今天，如果我们提到一位皇帝，往往有很多种方式称呼他，包括姓名、年号、尊号、谥号、庙号等。比如唐朝第二位皇帝，他的姓名是李世民，但人们往往在他的姓名前加上"唐太宗"。"唐"是他所属的朝代，"太宗"就是他的庙号，这是后人在祭祀敬奉他时对他的称呼。他去世后，还被人们叫作"文皇帝"，这是他的谥号，谥号是人们对这位皇帝过去一生的总结和评价——后来，唐高宗为唐太宗加谥为"文武圣皇帝"，玄宗又加谥其为"文武大圣皇帝"，天宝十三年他最终的谥号为"文武大圣大广孝皇帝"。

年号记录了在一位皇帝统治期间是否发生过大事，是否国泰民安。一位皇帝可能只有一个年号，也可能由于各种各样的原因有很多个年号，比如，唐高宗李治用过的年号加起来总共有 14 个！

弘道

永隆

永徽

永淳

这些都是朕的年号！

显庆

上元

仪凤

龙朔

乾封

总章

咸亨

调露

开耀

麟德

皇帝还在世的时候，臣子在重大典礼等场合称呼他，要在他的名字前面加上好多尊称，以表示自己对皇帝的尊重。久而久之，对一位皇帝的尊称就固定下来，成为这位皇帝的尊号。唐玄宗李隆基的尊号是"开元天地天宝圣文神武孝德应道皇帝"，是不是够长的？而对于太后而言，相应的称号叫作"徽号"，慈禧太后的徽号叫："慈禧端佑康颐昭豫庄诚寿恭钦献崇熙皇太后"！你一口气能读得完吗？

用一生赢一场权力的游戏

在明代的历史上，有一位皇帝有过两个庙号，他就是明成祖朱棣——在明世宗朱厚熜为他改庙号之前，他一直被人们叫作"明太宗"。

"太宗"一般用来称呼一个朝代历史上的第二位皇帝，而事实上朱棣并不是明朝的第二位皇帝。明朝的开国皇帝朱元璋将皇位传给了自己的皇孙朱允炆，也就是建文帝。所以，在朱棣成为皇帝之前，明朝已经有两位皇帝了。

那么，朱棣又是怎么成为皇帝的呢？原来，建文帝登基后，认为自己的皇叔朱棣对自己的皇位构成了

威胁，于是决定逐步瓦解他的势力。建文帝派人一连取缔了周、湘、齐、代、岷五大藩王政权，最后建文帝的军队跟朱棣的军队大战了一场，战争持续了四年之久，这场战争被叫作"靖难之役"。起初，朱棣的军队样样都不如朝廷的军队。但是，朝廷军队领导不力，而朱棣的军队又非常英勇，最后，朱棣终于战胜了朝廷军，攻入当时的都城南京，此时建文帝早就不见人影了。朱棣坐上皇位，定年号为"永乐"，将都城由南京迁到北京紫禁城。他的故事十分传奇，在位期间国家又十分强盛，史称"永乐盛世"，他也被后人称为"永乐大帝"。

朱棣即位后，取消了建文帝朱允炆的年号，所以朱棣就成了明代第二位皇帝，他去世后被称为"太宗"。而到明世宗朱厚熜时，又将他的庙号改为"成祖"。一般来说"祖"都用于开国皇帝的庙号，正因为朱棣的登基之路走得更像一位开国皇帝，因此明世宗朱厚熜才为他改庙号为"成祖"，将他与明太祖朱元璋并列供奉于太庙中。

明成祖朱棣

"一月天子" 朱常洛

明光宗朱常洛是明神宗朱翊钧的长子。明神宗朱翊钧在位共 48 年，是明朝在位最久的皇帝。然而，在他之后即位的明光宗朱常洛却成了明朝历史上在位时间最短的皇帝——只有一个月！

朱常洛的母亲原是一名普普通通的宫女，所以万历帝（也就是明神宗）一直不愿意立长子朱常洛为太子。直到朱常洛 19 岁时，万历帝才不得不立他为太子。

万历四十三年，在朱常洛居住的宫殿里，发生了一起入室行凶案！这天黄昏，一个陌生男子手里拿着木棍，闯进太子的宫殿，打伤了宫里好多人，还要对太子行凶。所幸，太子并没有受到伤害，但是被吓得不轻。

有人说，这起"梃击案"的幕后指使者是一心想让自己的儿子当皇帝的郑贵妃。

朱常洛登基后不久就病倒了。郑贵妃还指使心腹太监去给朱常洛进献药物，结果把他的身体弄得越来越虚弱了。接着他又一连吃了两粒鸿胪寺丞李可灼进献的红色药丸，吃完他很快就驾崩了。这在历史上被叫作"红丸案"。

明光宗朝服像

小米粒刚刚说，清朝在紫禁城住过的皇帝只有10位，可是，我明明记得清朝一共有12位皇帝呀？

努尔哈赤皇顺康，
雍乾嘉道咸同光，
大清一共十二帝，
末代宣统最悲伤。

那是因为清朝政权建立之初还没有以北京为首都。最早的两位皇帝——努尔哈赤和皇太极，还没有将皇家迁入紫禁城就去世了。

清朝第一位皇帝

　　清朝第一位皇帝叫努尔哈赤，他是一位"马上皇帝"。

　　努尔哈赤是一位优秀的军事统帅，据说，他不但用兵如神，还创制了满族的文字，创立了八旗制度，统一了生活在东北的女真各部，继而统一了东北全境，被称为后金大汗。

　　不过，努尔哈赤并不想躺在这些功劳簿上睡大觉。他不断扩张势力，在萨尔浒之战中，以很少的兵力，打败了兵力强得多的明朝军队。虽然他并没有坐过紫禁城中的皇帝宝座，但是因为有这么多的功劳，他仍被视为清朝的第一位皇帝。

　　努尔哈赤制定了满族文字。在当时，满 – 通古斯语族的各民族都没有文字，所以满文就成了这一时期记录东北亚地区历史的宝贵资料。

姓名：爱新觉罗·努尔哈赤
出生：明嘉靖三十八年（1559 年）
属相：羊
最得意的事：萨尔浒之战
　　　　　　夺得胜利
最失意的事：兵败宁远
最擅长的事：谋略

伯侄皇帝

从努尔哈赤到同治皇帝，清代的许多皇帝都是根据皇父立储的制度登上皇位的。可是因为天花，同治皇帝在 19 岁时就早逝了，他没有留下儿子，慈禧太后就立他父亲咸丰帝的侄子载湉为光绪皇帝。

然而，光绪皇帝驾崩时，也未留下任何子女。慈禧便立只有三岁的溥仪为宣统皇帝，而宣统帝与光绪帝也是伯侄关系。

他是我伯父！

他是我伯父！

咸丰帝

光绪帝

宣统帝

千年一帝

爱新觉罗·玄烨长得身材高大，目光炯炯。要是说他的相貌中有哪里算不上标准，当属小时候出天花留下的痘痕了。在那时候，天花是一种无药可治的疾病，但是如果患了天花而自行痊愈，就能终生免疫——玄烨正是这样幸运的人之一。

顺治十八年（1661年），8岁的玄烨便登上皇位，年号"康熙"。玄烨刚即位时，由顺治朝的几位大臣辅政。其中有一位叫鳌拜，曾是皇太极最信任的大臣，可他非常霸道，跟人拉帮结伙，想干涉康熙的朝政。他没想到的是，年轻的康熙皇帝竟然将他逮捕起来，关进了大狱，从此开始独立理政。

少年康熙流露出的气魄和胆识，预示了他后来能够成为"千年一帝"。他在位期间，几个藩王曾经反叛，企图篡夺皇位，智勇双全的康熙帝运筹帷幄，平定了叛乱。后来他还做了几件维护国家统一的大事，如赶走沙皇俄国侵略者、收复台湾等。自此，康熙王朝天下太平，国泰民安。

工作狂皇帝

康熙皇帝驾崩后，时年 45 岁的皇四子雍亲王胤禛即位，年号雍正。"雍正"是雍亲王得位正、为君正的意思。

有趣的是，关于雍正得到皇位是否正当的问题，至今都没有停止过争论。但可以肯定的是，在位期间，雍正皇帝特别勤劳，简直是"前无古人，后无来者"的工作狂皇帝。他少巡幸，罕游猎，日理政事，下朝后的时间多用来办公、批阅奏折。一整年也不休息。雍正皇帝经常熬夜批阅奏折，有的奏折上批语甚至长达 1000 多字。他既继承了康熙的历史遗产，又改革了康熙晚年的弊政，在位期间清朝国力变得很强盛。

可是，就在执政日见成效的时候，雍正皇帝突然在圆明园去世了。关于他的死因也有许多种说法。在清代的皇帝中，只有他，从即位到离世，留下了很多个谜团，真是一位"神秘皇帝"。

姓名：爱新觉罗·胤禛
属相：马
出生：康熙十七年（1678年）
最得意的事：夺得皇位
最失意的事：吃丹药而受其害
最擅长的事：权谋

最喜欢到处题字的皇帝

乾隆皇帝是清朝第六位皇帝，也是位"长寿皇帝"。他活了88岁，经历了康熙、雍正、乾隆、嘉庆四朝，享受了七代同堂的天伦之乐。

乾隆皇帝喜欢收藏文物，故宫里陈列的名人字画，一大半都是他的藏品，上面印有各色各样的乾隆印章。有时候，一幅画会被他盖上十几个印章。他还喜欢去各处游玩，曾经六下江南，在很多地方都留下了诗作。

姓名：爱新觉罗·弘历
属相：兔
出生：康熙五十年（1711 年）
最痛心的事：两位皇后都不幸早逝
最擅长的事：诗文、书法

扫码领取

★ 故宫奇妙之旅
★ 神奇的脊兽
★ 云游博物馆
★ 国宝档案册

到了在位第 60 年的时候，乾隆皇帝把皇位传给了儿子嘉庆皇帝，自己当上了太上皇。事实上，他是为了表达自己对爷爷的尊敬而故意这样做的。爷爷康熙皇帝曾南巡六次，乾隆皇帝也南巡了六次，尽管他意犹未尽，可还是克制住了自己——因为不能超过爷爷。

康熙皇帝六十大寿时曾举办过一次"千叟宴"，乾隆皇帝五十大寿时也在乾清宫办了一次"千叟宴"，参加宴会的老人有 3900 多人。过 86 岁生日时他又在皇极殿办了场更大规模的生日宴会，这次，由于选拔的范围更大，被邀请参加皇家生日宴会的老人达到了 5900 多人。见皇帝都这么善待老者，各省官吏也纷纷掀起了爱老、敬老的好风气。

在乾隆执政的 60 年间，虽然百姓生活水平有所提高，可同时代的西方社会却发生了很大的变化，珍妮纺纱机、水力织布机、蒸汽机、轮船陆续问世，工业革命已经爆发。可是，乾隆皇帝根本看不到西方工业科技的进步，在接见英国使臣时，还说自己是"天朝上国"，最后留下的"烂摊子"，只好由他的儿孙去收拾了……

最节俭的皇帝

这个人，非道光皇帝莫属！

道光皇帝刚当上皇帝的时候，朝廷风气奢靡，为了重振朝纲，他规定"宫中岁入不得超过二十万"。为了节俭，道光皇帝连龙袍都打上了补丁，他让后宫的嫔妃们自己织布做衣服，还规定宫中用餐"每日不能超过四碗"。

但是，由于他缺乏进取精神，不愿意改革创新，所以尽管节俭，国家也没有强盛起来。在国家财政面临危机的时候，一些大臣向他提出改革的方案，他都一一否决了。最后，清朝在鸦片战争中落败，还签订了丧权辱国的《南京条约》。

我有一个疑问：为什么清代皇帝似乎普遍比明代皇帝更长寿呢？

大概因为清代是"弓马得天下"吧。由于祖先留下的传统，清代皇帝非常重视骑射训练，他们喜欢打猎、骑马，还经常通过摔跤、武术来锻炼自己。这样身体一定更健壮咯！

姓名：爱新觉罗·旻宁
出生：乾隆四十七年（1782 年）
属相：虎
子女：9 子、10 女
最痛心的事：签订《南京条约》
最擅长的事：节俭

不好啦，这些标注着皇帝的名字和刻有年号的玺印被年年弄乱了，请你帮他整理好吧！

爱新觉罗·奕詝

爱新觉罗·福临

爱新觉罗·胤禛

爱新觉罗·弘历

爱新觉罗·玄烨

22

关于皇帝，你可能不知道的事——

爱吃巧克力的皇帝

1706 年，康熙皇帝下了一道圣旨，要武英殿的总监造向来京的意大利籍传教士多罗讨要药品，其中有一句"若有绰科拉诣求取"。这里的"绰科拉"就是巧克力。不过，当时的巧克力主要是加水和糖煮成饮料喝。侍卫们特意找工匠打了套白银器皿，还用黄杨木特制了用于搅拌的签子。

陛下，您的热绰科拉！

23

喜欢养狗的皇帝

雍正皇帝虽然做事雷厉风行，对人对事都很严格，但是，对待小动物就不一样了。他让太监在宫内养了许多只狗，还给它们起名、画像，亲自定制狗笼，做狗衣、狗窝、狗垫等各种用具。他曾经命人制作了一个精巧细致的小圆狗笼。狗笼用竹子做架，用一种很讲究的手工生产的羊毛织品做罩面。

《十骏犬》局部 清代宫廷画家郎世宁绘

鸡蛋也是奢侈品

　　道光皇帝的"抠门儿"是出了名的，他平时最爱吃炒鸡蛋，但是宫里不比民间。一颗鸡蛋在民间只需要三四个铜板，据说在宫里值十两银子呢。"天价鸡蛋"是因为采办官员的贪污腐败和层层盘剥造成的，皇帝再怎么节俭，也无法从根本上解决问题，越省越穷，如果他有能力治一治这贪污，大概可以轻松愉悦地天天吃鸡蛋了吧。

皇子如何变皇帝

　　皇帝会让皇子们学习各种皇家礼仪，请老师教授他们治国方略、骑射本领，通过考察，他会在皇子里面挑选一个最合适的，立为太子。整个过程要持续很长时间。

　　不管立谁为太子，这个人必须具备很强的能力和很高的修养，能够很好地处理政事，还要在大臣们面前树立威信，能够让人信服和拥戴，让大家相信他在未来能把国家治理好。这样，才有资格从"太子"晋升为"皇帝"。

尊贵典雅的女士们

在紫禁城里，那些看起来尊贵典雅的女士们有着不同的身份和头衔，在她们身上也发生过好多好多故事呢！

太后、太妃

钱维城绘《仙圃恒春图》

　　太后、太妃们一般住在慈宁宫、寿康宫、寿安宫区域,这些宫殿俗称"寡妇大院"。那里环境清幽,物质需求也能得到保障。她们中的许多人实际上还很年轻,却不得不在那里清寡、单调地"养老。但也有特殊情况,比如慈禧太后由于大权在握,就没有在那里住过。

　　提起紫禁城的太后,最出名的大概就是孝庄太后和慈禧太后了。其实,曾经在紫禁城里生活的太后有很多,跟太后们有关的故事也特别多……

严厉的李太后

孝定李太后是明神宗万历皇帝的生母，李太后很严厉，是个名副其实的"虎妈"。万历皇帝小时候很贪睡，李太后就亲自去寝宫叫小皇帝起床，命太监搀扶着半睡半醒的小皇帝去洗脸、上朝。

有一次，皇帝在宴会上喝多了酒，用宝剑割了一个小太监的头发，李太后听说后，严厉地训了皇帝一顿。李太后一直以身作则，亲力亲为，照顾、教导着小皇帝，直到万历大婚之后，她才搬回到慈宁宫居住。

先写好检讨书再说！

母后，儿臣再也不敢了……

贤明的孝庄太后

　　孝庄太后是清朝顺治皇帝的母亲，也就是康熙皇帝的祖母。她一生经历了四朝，辅佐两代小皇帝。康熙皇帝回忆说，他刚会走路、说话的时候，祖母就教他宫中的各种规矩了，祖孙之间的关系很融洽。

　　孝庄太后关心民间疾苦，顺治年间闹饥荒时，她担心得睡不着觉，主动拿出宫中节省出来的四万两银子赈灾。从此以后，逢灾荒的年月，她经常捐出自己的私房钱赈灾。

　　她病重的时候，康熙皇帝亲尝汤药，昼夜守护着她，孝心让许多大臣都纷纷感动落泪。

迷恋权力的慈禧太后

　　慈禧太后是咸丰皇帝的嫔妃，同治皇帝的母亲。咸丰皇帝去世后，继位的同治皇帝还是个只有6岁的小孩子，慈禧便以垂帘听政的方式执掌皇权，王公大臣们都对她俯首帖耳。她敢于重用汉族大臣，让大臣们的工作热情都提高了。不过，这期间，中国和西方国家的差异已经越来越大了。即使到了八国联军侵华后，慈禧太后还是不顾国家战后劫难，大摆排场，也许，在她的心中，权力已经胜过了一切吧……

皇后们

为了保证皇帝后继有人，传承皇权，古代的皇帝一般会有很多伴侣，而且这些伴侣的地位从高到低，分成很多级别。明代有皇后、皇贵妃、贵妃、妃、嫔、昭仪、婕妤、美人、才人、贵人、选侍、淑女等。清代的等级没有这么多，大概可分为皇后、皇贵妃、贵妃、妃、嫔、贵人、常在、答应……

其中，皇后是皇帝的正妻，这个称呼从秦始皇称帝时就有了。在甲骨文中""字看起来像一个人在发号施令。在母系氏族社会的上古时期，氏族部落中说得算的人都是女性，所以"后"字也就被用来指有权威的女性，后来也就用来指皇帝的正妻了。

这样看起来，

好像成为皇后，就成为全天下最厉害的女人了。虽然有很多皇后确实母仪天下，与皇帝一同名垂千古，可实际上，历史上也有很多皇后没那么幸运。

在明代，算上被废黜和被追封的皇后，皇后全部加起来有三十多位，她们中大部分都在紫禁城生活过。皇后主要管理后宫事务，每年的节日活动，也需要皇后来负责主持。

我每天都很忙！

情深意切的钱皇后

钱氏的曾祖父叫"钱整",曾是明成祖朱棣的老部下。钱氏十六岁的时候,被张太皇太后(明英宗的祖母)选中,成了明英宗朱祁镇的皇后。

钱氏的皇后册封仪式,也就是皇帝的婚礼,是明朝有史以来的第一场皇帝大婚。因为此前的几位皇帝都是结婚以后才登基的。典礼这天,锣鼓喧天,举国欢腾。

结婚后,明英宗非常喜欢钱皇后,几次提出要为钱皇后的家族晋封爵位,但是钱皇后都婉言谢绝了。钱皇后不贪图荣华富贵,也不与其他妃子争风吃醋。虽然一直没有为皇帝诞下龙子,但是皇帝一直对她敬爱有加。

没想到,明英宗突然遭遇了一场劫难——他听信了不靠谱的臣子出的馊主意,御驾亲征去平定西北蒙古部族的叛乱,结果半路反被叛乱分子给抓去做了人质。

在宫中的钱皇后听说这个消息,心急如焚。她整日整夜地祈求上天帮助自己的丈夫,结果一条腿瘸了,一只眼睛哭瞎了。她就一直这样祈求,直到明英宗的

弟弟明代宗当了皇帝，文武大臣指挥军队战胜了叛贼，她的丈夫明英宗才被释放回到了紫禁城。可是他一回来，就被明代宗幽禁了起来。钱皇后和明英宗在冷清的南宫中过着很悲凉的生活，但是钱皇后不断地安慰丈夫，还用残疾的身体坚持劳作以换取食物。就这样，七年过去了。

直到明代宗患病，明英宗才等来了重要的机会，拥护明英宗的臣子们帮助他重新夺回了皇权。钱皇后也终于回到了皇后的位置。明英宗去世前一直与钱皇后互敬互爱，他们成为历史上有名的帝后"模范夫妻"。

明英宗钱皇后

富察皇后的故事

在清代的二十九位皇后中，也有一位皇后与皇帝成就了千古爱情佳话，她就是乾隆皇帝的富察皇后。

富察皇后出身于高官家庭，受过良好的教育，既懂礼数，又明大义。她十六岁时就被雍正帝选中成为皇四子弘历的嫡福晋。那时候雍正皇帝就看出她身上具备一代贤后的气质。

富察皇后

与弘历结婚后，富察氏和丈夫相敬如宾，恩爱有加。弘历登基成为乾隆皇帝以后，富察氏便成了皇后。她为乾隆皇帝生下两个儿子和两个女儿。然而，令她没有想到的是，她的两个儿子先后夭亡了。这让她伤心欲绝，在随乾隆帝东巡的途中突然去世了。

乾隆皇帝非常伤心，他斥巨资，以最高规格的礼仪安葬了富察皇后，为她赐谥号"孝贤"。他还为悼念富察皇后写下了一首《论悲赋》："影与形兮离去一，居忽忽兮如有失。对嫔嫱兮想芳型，顾和敬兮怜弱质。……睹新昌而增恸兮，陈旧物而忆初。亦有时而暂弭兮，旋触绪而欷歔。信人生之如梦兮，了万世之皆虚。……春风秋月兮尽于此，夏日冬夜兮知复何时？"

我听说，皇后或者太后去世，有时也叫作驾崩，是这样吗？

是这样的。如果皇后先于皇帝驾崩，要等到皇帝死后一起下葬；倘若死在皇帝之后，则要另建陵墓。

妃子们

明代的"妃嫔海选"规模通常很大。就拿嘉靖皇帝来说吧，他在位期间的三次选拔，共选了1446个人入宫。这些人经过严格挑选后，有的成为嫔妃，有的留在宫里做宫女。

在皇宫里，一草一木都需要守规矩才行。当嫔妃更有好多的规矩需要遵守，她们的行为准则中，有好多"不能"。

- 不能随便干预政事。
- 不能随意出宫。
- 不能给外面写信。
- 不能逾越礼制。
- 不能说不吉利的话。
- 不能……

有了这么多"不能"，生活真是少了太多乐趣了。对于妃嫔们来说，名分和级别是最重要的，只有获得了皇帝的宠爱，才可能多生育后代，级别晋升，多得赏赐。历朝历代，后宫的故事都是惊心动魄的。

没当成皇后的郑贵妃

万历皇帝继位的时候年纪还很小，他从小就被严格管教。但他看起来很听话，其实有很强的逆反心理，而且很孤单，找不到人说心里话，直到郑贵妃出现。

郑贵妃是在万历初年入宫的，当时年仅十四岁。她聪明伶俐，能聆听皇帝的倾诉，替他排忧解愁，用自己的热情让万历皇帝感受前所未有的温暖，所以入宫半年后，就被册封为淑嫔，后来又升为贵妃。

万历十四年（1586年），郑贵妃生下了儿子朱常洵，这本来是好事情，但谁也没想到，这件事引发了长达几十年的争吵。万历皇帝不愿意将王恭妃所生的长子朱常洛立为太子，而是想将郑贵妃的儿子朱常洵立为太子。但这种废长立幼的选择，几乎遭到了所有大臣一致的激烈反对，皇帝和大臣之间的矛盾就此全面爆发。

这就是历史上著名的"争国本"事件，朝堂上争吵不断，奏折也是如雪花一般地飞向了万历帝的案头。

大臣们接连不断的冷水浇下来，不仅没有浇灭万历皇帝的怒火，反而使得君臣之间陷入了冷战，万历帝选择了对大臣的劝谏置之不理。

　　可最后这种冷战还是以万历帝的战败而收场，他拗不过大臣们，仅仅封朱常洵为福王。而郑贵妃终究也没能被立为皇后，甚至在死后也不能葬在万历帝身边，只是被埋在了银泉山下的一座孤坟之中。

陛下，可不能因为美色而误国啊！

多才多艺的田贵妃

　　明代崇祯皇帝的后妃中，最引人注目的，就要属田贵妃了，她聪明又灵巧，拥有超多的才艺——自幼习书法，擅绘画，她画的《群芳图》被皇帝放在书案上，不时欣赏；她喜欢骑马，骑术和名骑手相比一点儿也不差；跟皇帝下棋，她通常会输一二子，却又让对方浑然不觉是在故意让棋；宫中喜欢蹴鞠（古代足球），她是球艺一流、姿态娴雅的主力队员；宫中设宴，崇祯经常撤掉乐师，让田贵妃来弹琴，她指法娴熟自如，将音乐的巨细疾缓都表达得恰到好处，奏出的琴音飘逸灵动。所以皇帝非常宠爱她，崇祯元年封其为礼妃。后来她逐步晋升为皇贵妃。田贵妃生下过四个皇子，其中有三个都夭折了。在连连丧子的打击之下，田贵妃伤心欲绝，去世时只有三十岁左右。

　　早逝固然是田贵妃的不幸，但这或许也是一件幸运的事。因为又过了不到两年，李自成就攻下了紫禁城，崇祯皇帝在自缢之前，也逼迫周皇后、袁贵妃自尽，还亲手杀死了许多嫔妃。田贵妃好歹没有经历这种痛苦。

"香妃"，真的会发出香气吗？

　　你也许听说过乾隆皇帝曾有一位"香妃"，她身上带有一种迷人的香气，常常引得蝴蝶在她身边翩翩飞舞。传说："香妃者，回部王妃也。美姿色，生而体有异香，不假熏沐，国人号之曰香妃。"可皇帝册封的妃子里，并没有哪位妃子被赐名"香妃"，那么这说的到底是谁呢？

　　根据这个传说，我们能知道"香妃"是"回部王妃"，也就是说，她是一位来自西域的维吾尔族妃子。这样的妃子，乾隆朝确有一位，那就是容妃。

容妃是来自新疆的和卓氏，她的哥哥和叔叔积极配合清军平定了新疆大小和卓的叛乱，立有战功。和卓氏进宫后，被册封为和贵人。乾隆皇帝和皇太后都很喜欢和贵人。后来，她又被册封为容嫔、容妃。

　　"液池南岸嫌其远，构以层楼居路中。州载画图朝夕似，新正吟咏昔日同。"

　　这是 80 岁高龄的乾隆皇帝在纪念容妃时写下的怀旧诗。

> 人们猜测，下面这幅《获鹿图》中的妃子很可能就是容妃。

清人绘《乾隆帝及妃威弧获鹿图》（局部）

令人同情的珍妃

　　光绪皇帝的皇后是慈禧太后的娘家侄女，这门婚事正是慈禧太后一手操办的。其实，光绪皇帝并不喜欢这位皇后，但即便是一朝天子也没办法拒绝这样的安排。慈禧太后还为光绪帝娶了两名妃嫔，她们是同父异母的姐妹瑾嫔和珍嫔，她们出身于官宦之家，有着良好的教养。

　　珍嫔同姐姐一起，在慈禧太后庆祝六十大寿的时候晋为妃子。珍妃漂亮又活泼，光绪皇帝非常喜欢她。他平时为国务琐事所牵绊，又被慈禧太后压制，只有在后宫同珍妃在一起的时候，才会感到轻松一些。但慈禧太后觉得皇帝与皇后结婚五年，却对皇后——也就是自己的侄女——既不亲爱，也不敬重，一心喜欢那个珍妃，令人伤心。所以一有机会，她就要去惩治珍妃，替侄女出气。

　　珍妃的身世真的很令人同情，如果她生在现代社会，可能就不会早早逝去，只留下"珍妃井"，让后人感叹了。

珍妃井

　　光绪二十六年（1900年），八国联军入侵北京，慈禧太后带着光绪皇帝仓皇出逃。她在临行前命令太监崔玉贵把珍妃推入了宁寿宫外的井中害死了。关于这件事，史料虽然没有记载，但珍妃确实是在那时死的，因为从那以后，清宫档案中就再也没有关于珍妃的记录了。

　　跟珍妃一同入宫的姐姐瑾妃虽然不如妹妹长得漂亮，也不那样受到光绪皇帝的宠爱，但是她的性格比较温顺，虽然也跟妹妹一起因"干预朝政"而被降格，但最终没有遭遇妹妹那样的不幸。在八国联军入侵京城时，瑾妃随着皇室一同出逃。后来，瑾妃又被宣统皇帝尊为端康皇贵太妃，在永和宫度过晚年。

请选择一条最便捷的道路，在慈禧太后的轿子到达之前，带珍妃逃出去。注意，不能碰到宫里的执勤人员。

现在，给你一个到清朝去拯救珍妃的机会，一定要牢牢抓住！

出口

入口

金枝玉叶：公主们

在南京博物院里，收藏着一件非常精美的艺术品：一只栩栩如生的金蝉，它安然地栖息在一片玉叶上。蝉，俗称"知了"，"知"谐音"枝"，皇家女儿，自然金贵。它正是"金枝玉叶"的形象诠释。"金枝玉叶"，在中国古代特指皇家女儿，也就是公主喽。

公主的诞生

《辞海》里解释说，"公主"是"帝王之女的称号"。

帝王之女为什么叫"公主"呢？相传，古代天子的女儿下嫁时，天子不主婚，而由"三公"主之，或由同姓诸侯主之，所以称公主。后来历代就延续了这种说法，皇帝之女，就被叫作公主。

清朝宫廷里比较注重礼仪，公主在出生前后就有一系列烦琐得要命的礼仪。

◎刨喜坑（也就是埋胎盘），由钦天监选屋内或院内某处，再选择一个良辰吉日，一边念吉歌，一边刨坑将胎盘埋下去。

◎备衣物，准备好小孩儿用的衣服、被褥等物品。

◎选乳保，选定公主的奶娘和保姆。她们要从许多人里面层层挑选，最终选出可靠又能干的人来抚养新生的公主。

◎洗三，公主出生第三天，皇帝要身穿吉服，在朝堂上向大家宣布这个好消息。

◎升摇篮，公主出生第九天，要在摇篮上贴福字，念喜歌，升摇篮。

◎过满月，这一天，要给公主剪胎发、起名字。保姆会把公主抱到宫殿里，皇帝当着皇后和所有妃嫔的面，很郑重地念出公主的名字，再把公主交还给保姆。

◎过百禄，公主出生一百天，皇家举办小型宴会，大家纷纷祝福公主长命百岁。

◎满周岁，这一天，除了庆祝之外，照顾小公主生活起居的宫女、太监们都会得到赏赐。

◎入宗谱，公主出生的年、月、日、时，还有她生母的姓氏、名位，都需要及时在内务府和宗人府登记，载入《玉牒》之中，这样，大家就永远都不会忘记公主的出生时间了。

当公主幸福吗？

● 公主需要上学读书吗？

一般不需要，在古代，女子通常不能抛头露面。公主通常会跟母亲和宫女们一起学习生活中所需要的知识。

> 当公主，好处是衣食无忧，没有经济压力。

> 你怎么知道古时候的公主一辈子都衣食无忧呢？

> 看看故宫档案里的记录就知道了——婚前，每日一两五钱重的羊油蜡 3 支，一两五钱重白蜡 1 支，羊油更蜡 1 支，红萝炭 5 斤，黑炭 25 斤。固伦公主（一般为皇后所生之女）名下有 15 名太监，和硕公主（一般为妃嫔所生之女）名下有 13 名太监，还有乳母、保姆、宫女若干；婚后，固伦公主每月的俸银有 400 两，驸马有 300 两，和硕公主每月的俸银有 300 两，驸马有 250 两，还有园林 360 亩……

●公主是年纪轻轻就要结婚吗？

这是真的，那时候，公主们通常十五六岁就要结婚了，清太祖努尔哈赤的长女出嫁时才刚满十一岁。

寿安固伦公主和寿恩固伦公主

我们常听老人说，女儿要富贵养，当成金枝玉叶养，当成小公主养。看来，真正的公主不仅享受常人享受不到的富贵，也需要承受常人不用承受的礼法约束。特别是在宫里娇生惯养的公主，一旦嫁为人妇，要面对反差巨大的生活环境和身份转换，还要听任朝廷动荡的命运摆布，因为这些原因，很多公主从生到死都非常孤独。如果我们有机会和她们聊聊天，她们说不定还会羡慕我们的生活呢！

皇帝女儿也愁嫁

俗话说："皇帝的女儿不愁嫁。"但在明代可不是这样的。

明代拥有公主封号的女子近百位，这其中如愿嫁得好郎君的却屈指可数。在那个年代，婚姻都是要由父母来选定的。公主的丈夫（也就是驸马）主要是从贵族子弟中选取。然而，随着时间推移，到明正统年间的时候，开始"海选"驸马，由礼部主持，参选者的年龄必须在十四至十六岁，且必须是拥有京城户籍的在京官员子弟。要求容貌端正，举止端庄，有良好教养。

对于平民百姓来说，当驸马可以居住在豪华的驸马府里，享受每年两千石禄米的"高薪"（放在今天，也是年薪上百万的富翁了），地位也一下子提高了不少。当然，跟他的老婆公主比起来，驸马仍然是地位较低的一方，他见老婆时必须行礼，对老婆言听计从。不仅如此，当了驸马，一辈子就不得当官从政。不过，和得到的优厚待遇相比，这些就算是"幸福的代价"了。

有些公主和驸马的关系本来很好，可是，他们相处起来却不能自由自在。由于公主结婚后也是由保姆来照顾的，驸马想见公主也必须得到保姆同意才行。有时，公主想见自己的丈夫，还得讨好保姆。就拿万历皇帝的女儿寿宁公主来说吧，她和驸马总是被自己的管家婆梁盈女欺负，最后驸马气得跑了，结果被皇帝捉回来在国子监里关了好多年。

平身！

拜见公主大人！

和亲，去远方……

在古代，边塞地区有一些势力强大的游牧部族。皇帝为了避免战争，会选择把自己的女儿嫁过去，这样，双方就是一家人了。清朝联姻的历史持续了近300年，嫁给蒙古王公的公主、格格足有432人。

扫码领取
★故宫奇妙之旅
★神奇的脊兽
★云游博物馆
★国宝档案册

恪靖公主的故事

  我是康熙皇帝的第六女，也是清朝第一位远嫁喀尔喀部（位于今蒙古国）的公主。当时，部落的首领归顺了清朝，为了表示双方友好，父亲把我嫁给了 22 岁的敦多布多尔济，那年，我只有 19 岁。

  知道这个消息后，我哭了很久，因为从此以后要去很远的边塞生活。当时是隆冬，不宜北行，直到第二年春天我才启程。看得出，父亲也是很舍不得我的，远行这一天，他赏赐给我的衣物装满了八辆大车。他还命人在当地为我修建公主府，前有影壁，后有青砖磨面围墙，和我小时候生活的地方很像。

位于今天呼和浩特市的恪靖公主府

幸运的和敬公主

在清朝，为了达到政治目的，许多公主都不得不嫁到遥远的边境地区。可怜的公主们不适应那里的气候和饮食，常常过不了多久就去世了。

不过，有一位公主很幸运——她虽嫁给蒙古的王族，却没有真的远居蒙古，并且一直都很受父亲乾隆帝的宠爱，据民间传说，乾隆皇帝共赏赐过她五千多件护身符呢。

这位幸运的公主就是固伦和敬公主，她的母亲是富察皇后。乾隆皇帝不舍得她走太远，就专门为她在京城建造了一座府邸，供公主和驸马居住。就这样，她成了清朝历史上唯一和亲后还继续住在京城的公主。

禁城桃李着花粮，
百辆来迎礼肃雍，
灯引金莲移昼永，
月颁牙管浸春浓。
宫中尧舜传家训，
塞外蘋蘩拜女宗，
一自相攸循令典，
名藩锡庆荷崇封。

这是固伦和敬公主下嫁当天，乾隆皇帝命大臣钱陈群写的花烛词，描述了当天紫禁城中灯火辉煌、雅乐悠扬、礼仪隆重的盛大场面。从这里我们也可以看出乾隆皇帝有多么宠爱这位公主了。

最后一位公主

荣寿固伦公主是载入《清史稿》的最后一位公主，她是恭亲王奕䜣的长女。慈禧、慈安垂帘听政，恭亲王奕䜣成了总揽外朝内廷大权的重臣。慈禧太后对他恩宠有加，还让他的女儿进宫生活，将其视为养女。咸丰十一年（1861年）特旨封她为固伦公主。说她是最后一位公主，是因为她是"清史"记载的，排序最后一位正式受封的固伦公主，也是清朝最高品级的公主。

不过，荣寿固伦公主很不幸，她12岁结婚，17岁就成了寡妇。后来，她一直没有再嫁，以节妇的身份走完了一生。

由于公主身份特殊，除了一些重大的

荣寿固伦公主晚年照片

庆典活动外，她是不会随意走动的。公主府很大，平时荣寿固伦公主就在里面骑马、作画。后来，慈禧太后怕她孤独，就又将她接回宫里住了。荣寿公主跟宫里的人相处得都很好，她熟知宫中的礼仪，又熟悉慈禧太后的喜好，慈禧太后对她也非常信任。如果有王公大臣或外国使节的夫人要进宫拜见太后，荣寿公主都会将会面安排得妥妥帖帖。她一直活到70岁，算是一位长寿的公主。最后，她用苍老的双眼目送那些历史人物离去，包括光绪皇帝和慈禧太后。她经历了人生的盛荣与衰落，也见证了一个王朝的结束。

扫码领取

★ 故宫奇妙之旅
★ 神奇的脊兽
★ 云游博物馆
★ 国宝档案册

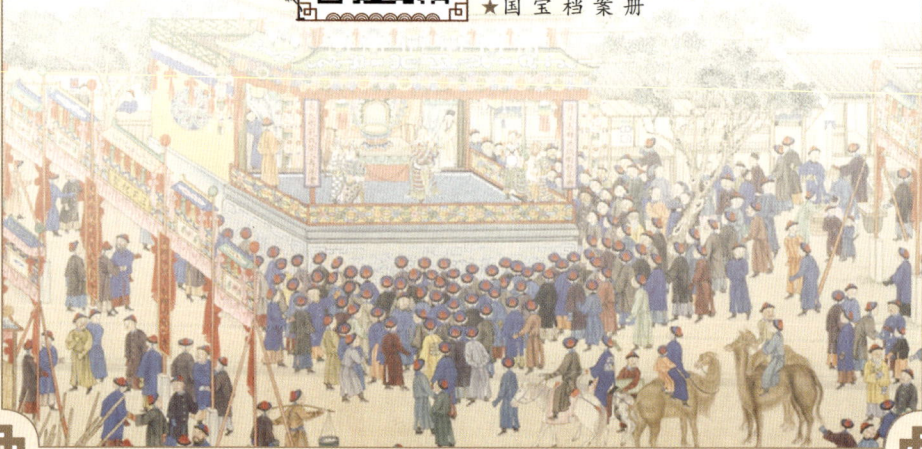

宫里宫外：亲王们

在古代，皇帝是"真龙天子"。皇帝的儿子也很不一般，被称为"天潢贵胄"。他们小时候生活在皇宫里，长大了就要"分府"——离开皇宫，搬到宫外的王府里去居住。在明朝，王府大多在外地，亲王们许多年才能回到京城一次；清朝正好相反，所有的王府都在北京城里，亲王们经常可以见面、聊天。

明代的亲王们

明朝有 16 位皇帝，皇子百余人。皇子皇孙们从生到死的开销都由朝廷来负责，过着衣来伸手、饭来张口的生活。

你可能以为，亲王们是不是只会整天花天酒地、不思进取？并没有，他们中间出了很多优秀的人物。

"神农"亲王朱橚

朱橚（sù）是朱元璋的第五个儿子，先被封为吴王，后被封为周王。此外，他还是一个"医药学家"。

朱橚年少的时候就很聪明，对中医药学很感兴趣。皇帝立侄子朱允炆当了继承人后，他决定勤奋地钻研医学，他组织人大量刻印医学书籍，传播全国，使更多人知道医药常识。

有一次，朱橚没经皇帝同意，就擅自离开自己的封地，去安徽凤阳游玩。朱元璋一生气，下旨把他贬到了疾病流行的云南。

朱橚落难了，但另一方面，他真实地接触了贫困的百姓。在灾荒年里，草根、树皮都被灾民吃光了。

就这样，朱橚效仿"神农尝百草"的做法，亲自试吃、研究野生植物，一口气筛选出了440种可以吃的植物，还把它们的样子、气味、功效都画出来，编成了《救荒本草》。

味道微苦，但有一种清香，看它长了这么多刺儿，就先叫它'刺儿菜'吧！采些回去。

学者亲王朱载堉

朱载堉是明朝开国皇帝朱元璋的九世孙，从小就得到文化熏陶，擅长数学、文学、音乐。但是，朱载堉15岁那年，他的家里突遭变故，父亲朱厚烷因为直言劝谏而触怒明世宗，蒙冤入狱，王府也慢慢变得很冷清。

不过，这正好给朱载堉提供了钻研的机会，在这些冷清的日子里，他一边研究音律，一边苦修数学。朱载堉很喜欢音乐，但是有一个问题在他脑中萦绕了很久：怎样才能让音阶中的音符与相邻音符间音高的差别相等呢？为了解决这个问题，朱载堉用上了自制的横跨八十一档的特大算盘，最终创建了十二平均律，并据此制作出世界上第一架定音乐器。如今，世界上的乐器中绝大多数都要以十二平均律作为基础来进行定音。

朱载堉著有《乐律全书》四十卷、《嘉量算经》三卷、《律历融通》四卷等典籍，内容涉及音乐、天文、历法、数学、舞蹈及文学等，知识面之广，简直令人惊叹。

清代的亲王们

清代皇子为数众多，除了太子外，这些人分别被授予亲王、郡王、贝勒、贝子、辅国将军等头衔。不过，清朝不像明朝那样，对这些亲王"终生供养"，除了少数人被封为"铁帽子王"，爵位能世世代代继承外，其他亲王爵位都要一代代递减。

睿亲王多尔衮

多尔衮是努尔哈赤第十四个儿子，他聪颖善战，年纪轻轻就随哥哥皇太极一起上战场，表现得非常英勇，被赐名为"墨尔根戴青"（也就是"聪明王"的意思）。从一名幼稚的少年渐渐成长为千军万马的统帅、功名显赫的亲王。

6岁的福临——也就是顺治皇帝继位后，多尔衮就当起了摄政王。按照当时的规定，刑法、政务等大小国事都由九王爷多尔衮专门掌握，辅政王济尔哈朗仅管出兵等事。礼部也议定，在各种礼仪方面，诸王不得与摄政王平起平坐，实际上，他已经享有了帝王的尊荣。

多尔衮当摄政王的时候，做出了不少重大决策。比如，对于清朝应不应该定都北京，要不要统一中原等问题，在贵族内部有着激烈的争论。当时，由于关内战火四起，漕运不通，北京一带的建筑也被破坏得很严重，许多人都觉得，还是东北老家更好。对此，多尔衮非常坚定地认为，既然得到了北京城，就应当马上迁都，统一中原。多尔衮带领军队打败了以李自成为首的农民军，消灭了残余的明朝势力，战功显赫，地位也随之越来越高，称号从"叔父摄政王"晋升到

"皇叔父摄政王"，又到了"皇父摄政王"。不过，这位"皇父摄政王"还算清醒，他时时告诫诸王大臣不可谄媚自己而不尊重朝廷，不尽忠于皇帝。

然而，劳苦功高的多尔衮生前独断专行，树了许多敌人，死后仅仅两个月，政敌将其生前罪状一一列举，不仅抄了他的家，剥夺了他的财产，就连他的坟也被铲平了，他的许多亲信都被处死。一直到一百年后，乾隆皇帝才下诏为他平反，并为他重新修建了坟墓。

怡亲王允祥

清朝皇帝的子女都特别多，康熙也是这样，胤祥是康熙的第十三个儿子。胤祥聪颖过人，办事得力，不仅能吟诗作画，而且骑马射箭也样样精通。起初，康熙帝很宠爱他，去哪里都带着他。但是后来，受废太子事件的影响，胤祥也失了宠。也有人说，因为胤祥的身体一直不太好，所以在康熙朝，他一直没有受封，也没有爵位。

不过，雍正帝胤禛特别信赖这个兄弟，他一登基就任命允祥（为了避讳雍正皇帝的名字，他改名为"允祥"）为总理事务大臣之一，还将他晋升为和硕怡亲王。允祥很快就成了雍正帝的得力助手，雍正帝经常将一些机密要务交给允祥去办。允祥对雍正忠心耿耿，同时也处处小心，不炫耀自己的功劳。著名的瓷器大师唐英，就是他推荐给雍正的，唐英烧出的瓷器都特别精美，他督办的御窑被称为"唐窑"。

雍正曾多次表示要奖赏允祥，但是，允祥每每都坚辞谢让，雍正赏的封地银两他也不要，逾制增加的权力他也不接受。他在任户部主事时，过手的钱粮数不胜数，但他公私分明，从不接受官员们的贿赂。据说，允祥勤于治事，不擅长理家，他的王府里面"草率不堪"。所以，有人攻击他，说他虚伪。不过，事实证明，允祥一生都非常节俭，临死前也嘱咐后人丧事从简，不要把那些金玉珠宝甚至华贵的衣服给他带入棺内。

在雍正八年（1730 年）五月初四，怡亲王允祥病故，雍正带病料理了他的丧事，足见其对允祥的厚爱。

允祥勤勤恳恳、重情重义，正是这些优秀的品质使他赢得了皇帝的信赖，也让他拥有了安稳、幸福的后半生。

恭亲王奕䜣

　　恭亲王奕䜣的一生历经父亲道光、哥哥咸丰、侄子同治与光绪四朝统治，简直是一部"晚清兴衰史"。

　　奕䜣从小就非常聪明、反应敏捷，外号叫"鬼子六"，道光皇帝曾经想立他为太子。有一次，道光皇帝带着皇子们去狩猎，实际是想试一试自己这些儿子的武艺怎么样。皇子奕詝的老师知道奕詝的马上骑射根本比不了奕䜣，就在临行前给奕詝定下计策，要他以

仁爱之心取悦于道光。到了猎场上，奕䜣一箭也没有射，最后空手而归，皇帝很奇怪，奕䜣就说："春天是鸟兽孕育、生长的节气，我不忍心杀生。"道光帝听了之后龙颜大悦，不禁感叹："这才是君主的风范啊！"后来，道光皇帝果然立了奕䜣为太子，奕䜣也就成了后来的咸丰帝。

奕䜣继位后，奕䜣被封为恭亲王。在清廷危难之时，他被委以重任。一当上军机大臣，他重用足智多谋的汉臣曾国藩、李鸿章等人，经过多年的奋战，化解了清朝历史上一次重大危机。

1860年，英法联军把战火烧到了北京，咸丰和慈禧逃往热河，许多亲王都逃跑了，只有奕䜣留守，他被任命为钦差大臣，同英法联军签订了不平等的《北京条约》。

可是，随着奕䜣的名望越来越高，慈禧太后感受到了威胁，又开始对他进行打压，找机会剥夺了他所有的官职，命他在家养病，他因此足足赋闲了十年。

英法联军占领北京时的奕䜣

中日甲午战争爆发时，清政府还以为奕䜣能再次力挽狂澜，再次把他当成了救命稻草，任命他为总理衙门大臣。关心国事的奕䜣二话不说走马上任。可是，在家待了十年之久的他，早已没有了往日的风采。此时，他老态龙钟，风烛残年，办事已无当年的创新思维。结果，北洋水师全军覆没，最后只能签订丧权辱国的《马关条约》。

扫码领取
★故宫奇妙之旅
★神奇的脊兽
★云游博物馆
★国宝档案册

这帽子也不是铁的呀！

"铁帽子王"不是说他们戴铁帽子，而是说他们级别最高，他们的亲王爵位是世袭的，一旦被授予了这个级别的爵位，子孙也能世世代代地继承下去。此外，铁帽子王所得的俸禄比其他的亲王更加优厚。不过，要是铁帽子王犯了错，他的"铁帽子"也随时会被摘掉！

什么？竟然敢在皇宫里骑马！

　　紫禁城既然是皇宫，规矩就少不了，其中一条就是"不能在里面任意行走、骑马及乘轿"。不管是文武官员还是皇亲国戚，到了下马碑前，必须"文官下轿，武官下马"，然后步行去见皇帝。

　　可是，有一些人得到了皇帝的"特别赏赐"，是可以在紫禁城里骑马的：清朝初年，亲、郡王等皇亲国戚都可以得到在紫禁城骑马的赏赐。再后来，皇帝体恤年迈的大臣们，也会允许他们在紫禁城内骑马、坐轿。

西华门外下马碑

亲王们的日常生活

● 骑马打猎

● 在自己的封地收租子

● 办宴会

● 建房子

当皇帝有工资，亲王们肯定也有工资吧！

那当然，我相信，肯定还不会少呢！

　　顺治帝在位期间，一个亲王一年的俸禄有白银一万两，粮食一万石。而郡王爷品级稍低于亲王。不过到了同治年间，物价上涨得很快，经济出现困境，王爷们的日子也没有那么好过了。但是贵族们总是放不下自己的面子，虽然钱少了，该有的排场还是不能少，所以很多王爷表面风光，实际上已经入不敷出了。

亲王们住在哪儿?

皇子虽然从小在紫禁城里长大，但是一般结婚后就要从皇宫里搬出去了。明代亲王们不能住在北京城里，他们的王府也都分散在不同的地方。清代就不一样啦，亲王们居住的地方，从紫禁城走路就能到达。现在，我们一起到两个最有名的王府来逛一逛吧。

尊贵的恭亲王府

恭亲王府是清代规模最大的一座王府，建于清朝乾隆四十一年，由乾隆皇帝的宠臣和珅修建。后来和珅因为贪污罪被抄家，这里就迎来了第二任主人——庆亲王永璘，并改名为庆王府。再后来，咸丰皇帝继位，把这座漂亮的王府赏赐给了皇六弟恭亲王奕訢，从此以后，这里就被称为恭王府了。而这座王府，也见证了清王朝由盛到衰的过程，当地人经常念叨着"一座恭王府，半部清代史"。

恭王府是一座三路五进的四合院，它前半部是富丽堂皇的府邸，后半部为幽深秀丽的古典园林，规格仅次于帝王居住的宫殿。

诚亲王府——今天的知识殿堂

诚亲王胤祉像

诚亲王府的第一任主人是诚亲王胤祉。不过，雍正即位后，对诚亲王充满了猜忌，甚至剥夺了他的爵位，让他搬出了诚亲王府。直到雍正八年，在大臣的劝谏下，允祉（同样因避讳改名）才被恢复了爵位。

可是，当年的诚亲王府，已经有别的亲王住了，总不能让人家再搬出去吧。于是，皇帝就在德胜门

诚亲王胤祉参与编写的《古今图书集成》

里重新建了一座王府，仍然称它为"诚亲王府"。

诚亲王府不但有新府和旧府，还有一座非常著名的花园呢，那就是熙春园。皇帝多次来这里游玩，诚亲王胤祉还在这里为父亲举办过六十寿宴。后来，在道光年间，熙春园被一分为二，西园改称近春园、春泽园，东园仍称熙春园，咸丰年改名为清华园。著名的清华大学校址就建在这里。

　　清朝的亲王往往有着豪华的王府，享受着优厚的俸禄，又可以收取地租，好像生活得无忧无虑。不过，他们不经过批准是不许离开京城的，否则就要面临严厉的惩罚。而且，为了防止亲王之间勾结串通，他们之间的走动也受到很多限制。如果皇帝发现亲王之间交往过密，就会怀疑他们是不是有谋权篡位的企图，从而对他们严加看管，甚至惩治。

八爷找我去他们家喝酒！

不行啊，十二爷，上回您去找八爷就被人告了状，还是老老实实在家待着吧。

大管家，管大家

天大地大，皇帝最大。当有人问我皇宫里，谁的权力最大时，我就这样告诉他。

可是，宫中的事情太多了，皇帝一个人根本管不过来呀，这时候，就需要找管家来帮忙了。这个大管家，往往就是太监——"太"就是指"大"，"监"也就是"管"的意思。后来，有些大太监管的事情多了，也就有了过多权力，对宫廷的管理，乃至国家的治理也产生了影响。因此，到了清朝，宫廷成立了内务府，内务府负责管理宫里大大小小所有的事情，成了紫禁城里的"大管家"。

紫禁城里谁做主？

偌大的紫禁城里，到底谁说得算？事实上，自诩"一朝天子"的皇帝，从成为皇帝这一天起，就已经不属于自己了。那还有谁比皇帝权力还大呢？

细细想来，能管理皇帝衣食住行的，恐怕只有宫廷里最大的机关——内务府了。内务府是从清朝才开始有的管理机构，长官称总管大臣，手下的职官多达三千人，掌管着皇家的大小所有事务。

古时候，在皇帝身边，通常会有一些史官，专门记录皇帝生活的各种细节，比如皇帝每天吃了什么饭、干了什么事等，为的就是给以后的皇帝看。

能不能不要跟着朕了，朕想要一个人安静一下。

某年某月某日，皇帝说"不要跟着朕……"

　　什么叫"所有事务"呢？小到皇帝的吃喝玩乐，大到皇家的婚丧嫁娶、封废赏罚，点点滴滴都归内务府管。另外，管理太监、宫女及宫内一切事务的敬事房也在内务府的管辖范围内。

　　这个清朝最庞大的组织机构，一直存在到清朝最后一个皇帝溥仪被赶出紫禁城的时候。

明代宫廷十二监

在明代，皇帝设置了十二个衙门来管理皇宫的内务。其中，司礼监的工作最为重要，司礼监的太监负责掌管宫中的各种礼仪，还参与文件交接、御前会议等工作，宦官们犯了法，也归他管，权力非常大。

工作繁重，还要帮助皇帝抄折子

每天，奏折会像小雪花一样飞向紫禁城，皇帝根本看不完。所以，内阁需要先浏览、讨论一番，提出处理意见，再用墨笔写在纸条上，贴在公文旁边送进宫里，这就叫"条旨"。皇帝看过以后如果同意，就把纸条撕掉，用红笔照抄一遍，叫"朱批"。时间长了，皇帝觉得，只不过是照抄条旨，为什么一定要自己动手呢？就让十二监的秉笔太监代劳吧！就这样，太监们逐渐参与到行政事务中，权力也越来越大了。

七下西洋的和平之旅

郑和原名叫马三保，明成祖时他在宫中做太监，他聪明好学，还精通兵法，明成祖朱棣非常器重他，亲自为他取了"郑和"这个名字。

朱棣夺得皇位的过程十分坎坷，因此他想，自己一定要干出一番成就，让那些不认可自己的人无话可说；要是能加强国际交往，也能赢得海外人士的尊敬，那简直再好不过了。于是，他决定派郑和作为"和平大使"，随大型船队出使西洋——也就是现在的东南亚和印度洋一带的国家。

永乐三年，也就是 1405 年的一天，苏州府刘家港人山人海，郑和告别欢送的官员和百姓，登上船队中最大的一艘宝船，指挥着一眼望不到头的船队缓缓驶向远方。船队共有 62 艘长 44 丈（约 147 米）、宽 18 丈（约 51 米）的宝船。船队中共有两万多人，包括水手、官兵、医生、工匠，当然还少不了管理人员和翻译。船上装满了明成祖赏赐给西洋各国的礼品与稀有物品，是货真价实的"宝船"。

郑和先后进行了七次远航，访问了东南亚的三十多个国家和地区，最远曾到过非洲东海岸，看到了当时许多奇怪的风俗，比如在"竹步国"，"男子围布，妇女出则以布兜头，不露身面"，他还看到了有"六七尺高，其足如驼蹄"的鸡（其实就是鸵鸟啦）和"头抬颈长一丈六尺，首昂后低，人莫能骑"的"麒麟"。当"麒麟"被作为吉祥物送给明朝皇帝时，"举国欢腾"，都认为是祥瑞之兆。

郑和克服重重困难圆满完成了皇帝交给他的任务。他的"七下西洋之旅"始自1405年，终至1433年，是中国古代规模最大、船只最多、海员最多、时间最久的海上航行，这可比后来的哥伦布、达·伽马等的航行都要早得多了，规模也要大得多。和各国人民交流时，他总是彬彬有礼，精神抖擞，给人们留下美好的印象。为了纪念郑和，现在的东南亚国家还有一些地方是以"三宝"命名的呢。

告诉你一个小秘密，其实，这里提到的"麒麟"就是长颈鹿。今天，我们只要去动物园就能看到它。只不过当时古人从来没有见过这种奇怪的动物，见它温顺又可爱，就用"麒麟"这个吉祥的名字来称呼它啦。

野心勃勃的刘瑾

1505 年，明孝宗弘治皇帝驾崩之后，年仅 15 岁的小皇帝朱厚照继位，史称正德皇帝。父亲给他留下了三位顾命大臣：大学士刘健、李东阳、谢迁，但他最信任的还是太监刘瑾。因为在做太子的时候，刘瑾一直在东宫照顾他。

等到做了司礼监的太监之后，刘瑾一手掌握了国家的决策大权，他多次进献鹰犬、歌舞，引诱小皇帝纵情行乐，自己则代替皇帝行使批红奏章的权力。但是，他滥用职权，篡改奏章，代下圣旨。有一次早朝，在大殿上出现了一封匿名信，内容是揭发刘瑾违法乱纪，这下可捅了马蜂窝，为了查出这篇"大作"出自谁手，

刘瑾命令全体官员跪在奉天门外，把五品以下的官员都投入锦衣卫监狱，直到查清楚信是谁写的，才把这些人放回家。

这样时间久了，大家对刘瑾的怒气越积越多，他成了朝廷内外的公敌。正德五年（1510 年），明朝宗室安化王以"清君侧"的名义造反，传书历数刘瑾的罪状。刘瑾心里清楚，安化王这一起兵矛头直接指向自己，他不得不起用一度被罗织入狱的大臣杨一清为总督，讨伐安化王。平定了安化王以后，刘瑾得意扬扬，变得更加野心勃勃了。

直到杨一清联合其他太监在庆功宴上揭发了刘瑾的许多条罪状，小皇帝才半信半疑地命人到刘瑾家里进行了一番彻底搜查，结果查出了无数的金银和兵器衣甲，还搜出了私刻的玉玺、玉带等违禁物。证据确凿，小皇帝再也无法容忍，下令将刘瑾处死。

明代彩塑太监像

内务府，帮助皇帝赚银子

内务府是清朝的内廷机构，是整个紫禁城的大管家。内务府的长官，就叫作"总管内务府大臣"。内务府主要设立了七司三院，管理皇家宫廷中的饮食、穿衣用度、銮驾、仪仗、修造工程、出纳、警卫、贡纳等，还把持着盐政、榷关等事务……总之一句话：内务府同明朝的太监衙门一样，主管整个皇家的大事小情。

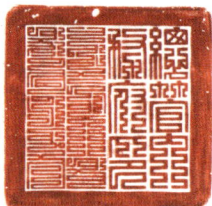

总管内务府官印

内务府总管不是太监，而是八旗子弟中"上三旗"的后裔。因为负责的是皇帝的家事，所以在内务府大臣的挑选上，皇帝经常会选择和皇室有亲戚关系的人。

有了内务府在，皇帝就可以专心地处理国家大事了，而赚钱的事儿，就交给内务府的人去办吧。内务府的收入来源有许多，其中之一就是收纳边疆物产，比如东北地区的貂皮、鹿、人参，内蒙古地区的牲畜毛皮等，后来清朝的疆域变广了，又增加了阿尔泰金砂、和田玉石、南阳列国进贡的象牙犀角……全国各地的皇庄、土地自然也归内务府，内务府每年可以收取大笔银子。

内务府1号人物：洪承畴

洪承畴是明朝晚期有名的将领，他作战英勇，足智多谋，崇祯皇帝很信任他，但是在一次失利的作战后，他投降了清朝，还为清军入关、平灭南明立下汗马功劳。为了奖励他，清朝皇帝把他和一起归降的明军兵将都编入汉军八旗。虽然汉八旗地位不如满洲八旗、蒙古八旗，但也都是"旗人"。而洪承畴更被归入皇太极的包衣牛录之中。包衣牛录就是清朝早期的"内务府"，是专为皇室服务的机构。

这个职位看起来名头不小，实际上并没有太多实权，对于进士出身、饱读诗书的洪承畴而言，是不太合适的。而且，朝廷表面上对他恩礼有加，实际上并未放松对他的防范，还限制他的自由，不允许他随意走动。

洪承畴

内务府 2 号人物：曹寅

　　曹寅是《红楼梦》的作者曹雪芹的祖父。他极受康熙帝的恩宠，以内务府正白旗包衣身份出任江宁织造和两淮巡盐御史，其实就是为宫廷供应丝织品并采办各种御用物品的皇商，这可是人人都想干的好差事。很快，他的家族就成为当时人人羡妒的钟鸣鼎食之家。康熙皇帝曾经六下江南，其中四次都是江宁织造曹寅接待的，虽然四次接待皇帝，落下了不少亏空，但还是足以证明曹家的财力与势力。

　　不过，后来曹家不可避免地被卷入了康熙晚期皇子争储的斗争中。曹家曾多次保举八阿哥胤禩担任太子，惹怒了当时的四阿哥胤禛，所以在胤禛当上皇帝以后，马上就收拾了曹家。曾繁盛一时的曹家彻底土崩瓦解了。

内务府 3 号人物：和珅

乾隆帝是清朝第六位皇帝。他在位 60 年间，清朝达到了经济社会发展的巅峰状态。可是，他当政期间，内务府一度入不敷出。为什么会这样呢？

原来，乾隆帝花钱比较铺张，一向大手大脚，导致内务府经常入不敷出。幸好在这个时候，内务府来了一位年轻的总管大臣——26 岁的和珅，和珅只用了一个办法就改变了当时内务府窘迫的局面，那就是设立"议罪银"。

什么叫议罪银？就是当官员犯了罪过，为了免除或减轻罪行而向内务府缴纳的银子。议罪银是白纸黑字地写在法律条文上的。

最初，议罪银只适用于一些犯了小错的官员，且是在"降级""留任"等处罚措施之后使用。可在实行了一段时间后，

和珅

议罪银就从惩治手段变成了敛财办法。这就是典型的"以罚代法"。

这样一来，仅仅用了4个月，内务府就"扭亏为盈"了。和珅如此能干，大家都称他是内务府的"大总管"。

乾隆帝觉得和珅聪明又有才能，对他也是宠信有加，还将自己的小女儿和孝公主嫁给和珅的儿子。就这样，和珅不仅大权在握，还成了皇亲国戚。随着权力的增长，他开始利用职务之便，结党营私，聚敛钱财。嘉庆四年，嘉庆帝下旨将和珅革职下狱。和珅被抄家时，有人用锤子砸开和珅家的墙壁，发现里面藏满了金银、地契等，总价值约值八亿两至十一亿两白银——几乎超过了清朝政府十五年财政收入的总和。这一下，皇帝气得不得了，马上赐和珅自尽了。多亏有和孝公主这位儿媳，才保住了儿子丰绅殷德的一条命。

和珅献给皇帝的玉如意

狡猾的和珅把财宝藏在了一个藏宝箱里，只要猜对了字谜，宝箱就能自动打开了。

字谜

一根木棍，
吊个方箱，
一把梯子，
搭在中央。

（里）谜字

精明的皇帝也斗不过"大内管家"

内务府的监管制度本来是很严密的，可是到后来，内务府的系统越来越庞杂，人越来越多，漏洞也跟着越来越多。再加上内务府是专门为皇室服务的，不受朝廷监管，所以经常出现官员贪污、滥用职权的情况。皇帝在皇宫里住久了，对正常的市场行情并不了解。内务府就从宫外平价购入物资，然后高价报给皇帝。表面上，整个过程没有任何违规的地方，中间的差价就被内务府的人克扣了。

皇上，现在鸡蛋要 30 两银子一个呢。

朕想在面里加个蛋。

大管家，管大家

鸡蛋虽然好吃，但是也太贵了……等到过节的时候再吃吧。

到了清朝末年，紫禁城里的皇帝基本上没有权力了，成了空架子，内务府的日子也就不好过了。有的人开始监守自盗，典卖宫中器物度日，包括各类金佛、金塔、金册、金宝、金钟以及古玩书画……虽然王公贵族的生活很凄惨，但是内务府里有一些人不但没有变穷，反而还富裕了起来。可以说，这些"管家"，最后早就把管家的职责抛到一边去了。

乖顺的宫女们

在电影和电视剧里常常看到皇宫中忙来忙去的宫女，她们年纪轻轻就要干很重的活儿，有时候还要挨骂，好可怜哪！

宫女，指在宫中供役使的女子，她们在最好的年龄只能生活在宫里。紫禁城虽大，她们却没有办法随意走动，不能见父母，还要整天从事繁重的劳动，这样的日子真是太难过了！

关于宫女，你可能不知道——

清代选入宫中的女子有两种，一种是秀女，一种是宫女，在清朝初期，二者间并没有严格的界线，到顺治十八年（1661年）后才将秀女和宫女分开。秀女是八旗官员的女儿，可以选为妃嫔或指配给宗室王公的子弟。宫女是内务府包衣佐领下的女子，地位较低，供内廷役使。

选宫女时的照片

看看照片上的这些生活在清朝的小姑娘，她们稚气未脱，就要进宫过艰苦残酷的生活了！

清代宫女选择的范围只限于内务府各佐领所属上三旗（正黄、镶黄、正白）包衣任职佐领、管领以下家庭的女儿。初期选宫女是一年两次，时间为每年的二月和八月，从顺治十八年后改为每年一次，时间是二月初二。

符合条件的女孩一过了 13 岁，便造册送内务府会计司备选，在选期的前一天晚上入宫，第二天天明时由敬事房太监带到皇帝或皇后、太后前选阅。以 6 人为一排，每人身上挂一个木牌，上面写着身份和姓名，被选中者唤出排，入选后当日留宫内，否则立即遣送回家。如果此次已经入选，但是在所选名额之外，就令会计司记名，属于"记名宫女"，下次再选时先以记名者入选。若是记名后未到下次选阅时父母就将其嫁出去，则属于抗旨，是很大的罪过。

被选中的宫女被分配到皇帝、皇后、嫔妃、公主、阿哥等各宫中随侍。不同等级的人配给宫女的数量也不同，在清朝的典制书里，康熙朝规定：皇太后12 名宫女、皇后 10 名、皇贵妃 8 名、贵妃 8 名、嫔妃 6 名、贵人 4 名、常在 3 名、答应 2 名。其余的部分就分配到六局处服役。

宫女入宫都要做些什么呢?

宫女入宫的第一件事就是剃头、洗澡，等年纪稍长才可以把头发留起来。刚进宫的小宫女要由嬷嬷(老宫女)教她们各种礼仪和梳妆打扮的技巧，嬷嬷一般非常严厉，动辄非打即骂。如果聪明灵巧，仅仅需要半年就可以"上岗"了。

●早上，需要叫主人起床。

●接下来，服侍主人穿衣服、梳妆打扮。

●做各种针线活

宫女有工资吗?

宫女们的月钱多少并无定制,最低的4两,高的可达20两,膳食、衣服、胭脂水粉等由内务府供给,她们主要的收入是平日各宫的赏赐。若得到皇后或太后的恩宠也可以为父母博得富贵,但多数宫女的生活是很悲惨的。

●陪主人出门,或者在宫里洗衣服、擦桌子,打扫房间。

宫女进宫之后还能出去吗?

在清代,一个宫女过了25岁就可以离开皇宫,结婚生子,过上普通人的生活。明朝则没有这样的制度,宫中放出宫女,只是偶尔才进行一次。有的宫女出宫后已经快50岁了。

●守夜

宫女守则

当宫女要遵守好多规定：走路要安安静静地走，身上不能散发出异味；头不许左右乱摇，不许回头乱看；笑不能出声，不许露出牙来，多高兴的事，也只能抿嘴一笑；脸上要时刻带着喜气，再痛苦，也不许哭丧着脸，要是挨了打，一声都不许吭；不该问的不能问，不该说的话不能说。

> 这么多个"不能"我根本记不住！我只想知道，当宫女可以看书吗？

> 当然不行了，宫女是绝对不许认字的，这是皇宫里的老规矩。

宫女的孩子

明朝万历皇帝在位期间，有一名宫女王氏生下了皇长子朱常洛。这时候，皇后还没有生育嫡子，所以应该立庶长子为太子。但是那时候最得宠的是郑贵妃，她随后生了皇三子。因为王氏只是个宫女，身份低微，所以皇帝更偏袒三皇子。大臣们很支持庶长子，但是皇帝不愿立庶长子为太子，对于立储之事一直在拖延。一年年过去了，太子之位一直空缺，太后知道后，询问万历帝："为何对立储之事老拖来拖去？"万历帝答："因为皇长子是宫女生的。"太后怒道："难道你忘了，你就是宫女生的？"万历帝这才想起了自己的身世——原来，自己的母亲也只是个泥匠的女儿，因为家里贫苦，被送到当时还是裕王的朱载垕（hòu）（后来的隆庆帝）府上做了宫女。万历帝深感惭愧，于是下定决心，立了皇长子为太子。宫女的孩子朱常洛成了后来的泰昌帝。

那么，宫女王氏后来当上皇太后了吗？

并没有，王氏被盛宠的郑贵妃视为眼中钉，饱受屈辱。就算儿子被立为太子，她也被幽禁在景阳宫整整十年，不能与儿子见面，晋封就更谈不上了。在她身患重病时，万历皇帝都没有去看望过她。直到病危时，她才见到了自己的儿子一面。

听说，明朝的时候，有一次宫女们联合起来，差一点儿就谋杀了皇帝！

这种事在整个中国历史上，可能只有这一次。

嘉靖宫案——宫女差一点儿谋杀了皇帝

嘉靖皇帝朱厚熜迷恋道教，追求"长生不老"。为了投皇帝所好，人们进献了各种秘方和丹药。有人告诉嘉靖皇帝，宫女可以帮助皇帝制成丹药。皇帝为了炼丹，要求宫女一连几天不许吃饭，只能吃桑叶、喝露水，折磨得宫女们精疲力竭，饥肠辘辘。宫女们受够了这种非人的待遇，她们痛恨嘉靖，终于决定"揭竿而起"。

在嘉靖二十一年（1542 年）十月二十一日，趁嘉靖帝熟睡之时，以杨金英为首的十六名宫女决定用绳子勒死他。可是，由于太紧张，宫女们慌乱之中把绳子打成了死结，费了好大劲也没能成功。正当宫女们手足无措，胡乱地用钗、簪等物刺向嘉靖帝时，有一个叫张金莲的宫女反悔了，她慌忙跑出乾清宫，直奔皇后住的坤宁宫自首去了。方皇后听着"宫女起义"吓坏了，慌忙赶来救驾。宫女们本来就慌张，一看皇后来了，四散奔逃。不过，她们也很快就被抓到了，企图刺杀皇帝，这可是天大的罪名。

而方皇后呢，她救驾有功，嘉靖帝为了表示感激，把她父亲方泰和叔父方锐都封为侯。方皇后去世后，嘉靖帝追谥她为孝烈皇后。

作为宫女，一定得比主子起得早才行。你知道在清代，皇帝、皇后、小主们都要在什么时间起床吗？

A 凌晨四点

B 五点至六点

C 早上七点

（答案：无论春夏秋冬，皇帝、皇后、小主们在五点至六点起床。皇帝起床后，上朝及处理朝政事务；皇后晚睡晚起，起来后须先上早膳，上午处理后宫事务，到中午才忙完。7个人，轮流守在小主身边。）

那么，有没有和皇帝关系特别好，一生都过得很顺利的宫女呢？

要说跟皇帝关系特别好的宫女，那就要数苏麻喇姑啦！

苏麻喇姑的故事

在清代的宫女中，苏麻喇姑是很特别的一位。她是庄妃嫁进宫时的陪嫁，在宫里经历了四朝：天命、天聪（崇德）、顺治、康熙。她照顾了几代皇子，是一位身份和地位都很特殊的宫女。

苏麻喇姑聪颖好学，她通晓蒙古语与满语，写得一手漂亮的满文，随清廷入关后，很快又学会了汉文。康熙皇帝年幼的时候，她还教过小皇帝满文，可以说是皇帝的启蒙老师。不仅如此，她心灵手巧，特别擅长女红。清朝最初制定服饰制度的时候，苏麻喇姑也起了重要的作用。

康熙皇帝三岁时，为了躲避疫病，只能住在宫城西华门外的一处宅子里，多亏了苏麻喇姑、保姆朴氏和乳母瓜尔佳氏日夜细心地照顾他。康熙皇帝是个很重感情的人，对苏麻喇姑一直特别尊敬，像对待自己的亲人一样对待她。年近九十的苏麻喇姑去世后，康熙皇帝按照妃子的礼仪为她下葬，哀悼三天，停止临朝听政。

48 页迷宫答案

曾在紫禁城中生活过的人物其实还有很多，比如能做出许多好菜的御厨们，本领高超的太医，勤劳勇敢的侍卫……故事太多啦，我们暂且先讲到这里吧。

大故宫，我来啦

看视频
动画+实景演绎故宫原貌

寻找故宫建筑符号
神奇的脊兽

☑ 在线云游博物馆，足不出户赏文物

☑ 创建国宝档案，串起中国文明历史